Edriel y el trébol de las seis hojas

A Delia, mi editora, por su compromiso con la cultura, su amor por los libros, su trabajo incansable y por haber hecho realidad mis sueños.

A. G.

Para todos los niños grandes y pequeños que difrutan con los cuentos.

R. G. C.

Edriel y el trébol de las seis hojas

Primera edición: Marzo 2016
ISBN: 978-84-943082-5-3
Depósito legal: M-4420-2016

Dirección editorial: Delia López
Diseño y maquetación: Regina G. Cribeiro
Corrección editorial: Antonia Cuenca
Colaboración especial: I. D. L. por el retoque y color de ilustraciones

Ediciones **IDAMPA SL**
Apdo. Correos 188
28660 Boadilla del Monte, Madrid, España

www.edicionesidampa.com

info@edicionesidampa.com

Impreso en Safekat

Edriel y el trébol de las seis hojas

Adriana García

Ilustrado por Regina G. Cribeiro

Ediciones IDAMPA

Ese día, Edriel estaba muy contenta. Su madre le había dicho que podía ir a buscarla al trabajo cuando saliese de la escuela. Y eran muy pocas las veces que le dejaba hacerlo, porque el trabajo de su madre era un trabajo muy especial, ya que era el hada principal del reino y su oficina se encontraba en el palacio de la reina Laila.

Nada más oír el fin de las clases del día, Edriel voló atropelladamente hacia el palacio. Cuando llegó a la entrada, los soldados que la custodiaban le sonrieron y levantaron sus enormes lanzas para dejarla pasar.

Edriel llegó enseguida junto a su madre, que charlaba en el salón del trono con la reina Laila y tres hadas más.

—¡Edriel! ¡Qué agradable visita! —dijo la reina Laila al verla entrar.

Y, antes de que la niña pudiese responder, una masa de humo negro irrumpió por una ventana y se deslizó hasta el suelo. Luego, se desvaneció, dejando a una mujer muy bella, vestida de negro, que llevaba una rata enorme en las manos. Dos lobos inmensos la escoltaban. Era Elvena, la hermana de la reina Laila, más conocida como el Hada Negra.

Edriel se había quedado petrificada. Su madre la abrazó mientras ella contemplaba en silencio la escena.

—¡Hermana, qué sorpresa! —dijo la reina Laila al tiempo que se acercaba para abrazarla.

—Hola, hermanita. Cuánto tiempo sin verte —contestó el Hada Negra.

—¿Y a qué se debe tu visita? —se interesó Laila.

—Quiero que me prestes el Amuleto Mágico un tiempo —contestó el Hada Negra, y todos se sobrecogieron.

—¿Para qué lo quieres? —preguntó Laila.

—Eso no es de tu incumbencia, hermanita —respondió el Hada Negra.

—Claro que lo es. El Amuleto Mágico es la fuente de belleza de mi reino, la energía que da vida a mis súbditos y el origen de nuestros poderes. Entenderás que no voy a dejártelo sin saber para qué lo quieres —contestó Laila, enojada.

—Lo necesito para que mi reino recupere su esplendor. Hace más de un siglo que lo perdió y ahora vivo rodeada por la oscuridad. Quiero un reino tan bonito como el tuyo, pero eso solo será posible si me prestas el amuleto —explicó el Hada Negra.

—Lo siento, me gustaría que tu reino fuese un lugar muy bello, pero no puedo complacerte. Sé que tus intenciones son otras —respondió Laila.

—Pero ¡¿qué dices?! ¡Solo quiero un reino bello y necesito el Amuleto Mágico para conseguirlo! —dijo el Hada Negra, muy irritada.

Pero no podía creerla, puesto que hacía unas horas el servicio de espionaje del reino la había informado de que el Hada Negra tramaba un robo con el que acabar definitivamente con el reino de Laila.

—Hermana, siempre codiciaste el amuleto porque puede convertirte en la maga más poderosa y perversa que se haya conocido. Y sé que lo quieres para eso. ¡Márchate ahora mismo! El Amuleto Mágico no saldrá de mi reino —dijo Laila.

—¿Es esa tu última palabra? —preguntó el Hada Negra, enfadada.

—Sí, es mi última palabra —contestó Laila.

—Entonces, no tengo nada más que hablar contigo —concluyó el Hada Negra, y la nube de humo negro la envolvió junto con los lobos y abandonó el salón.

Todas las hadas se miraron desconcertadas. Sabían que el Hada Negra no iba a conformarse con aquella negativa. Lo que no sabían era que en aquel momento los soldados del Hada Negra y los vigilantes del Amuleto Mágico libraban una dura batalla en la sala donde lo velaban.

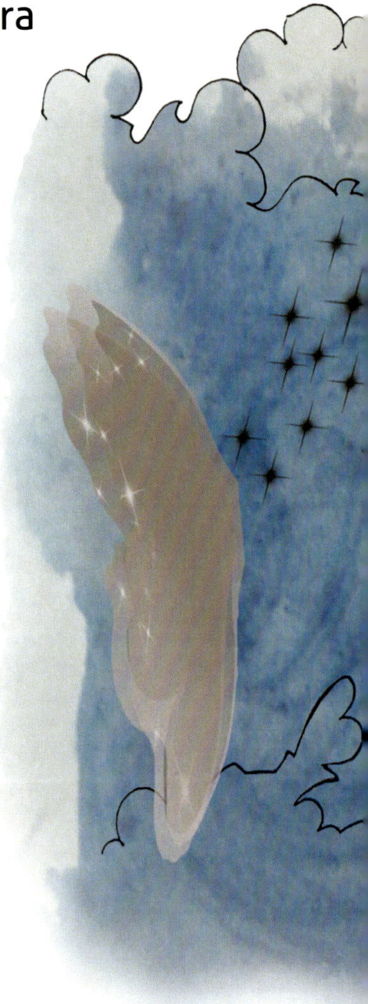

La victoria fue para los intrusos, quienes robaron el amuleto, que era una medalla en cuyo interior se guardaba el trébol de las seis hojas. Pero no tardaron en enterarse, porque las alarmas los alertaron cuando el amuleto salió de palacio.

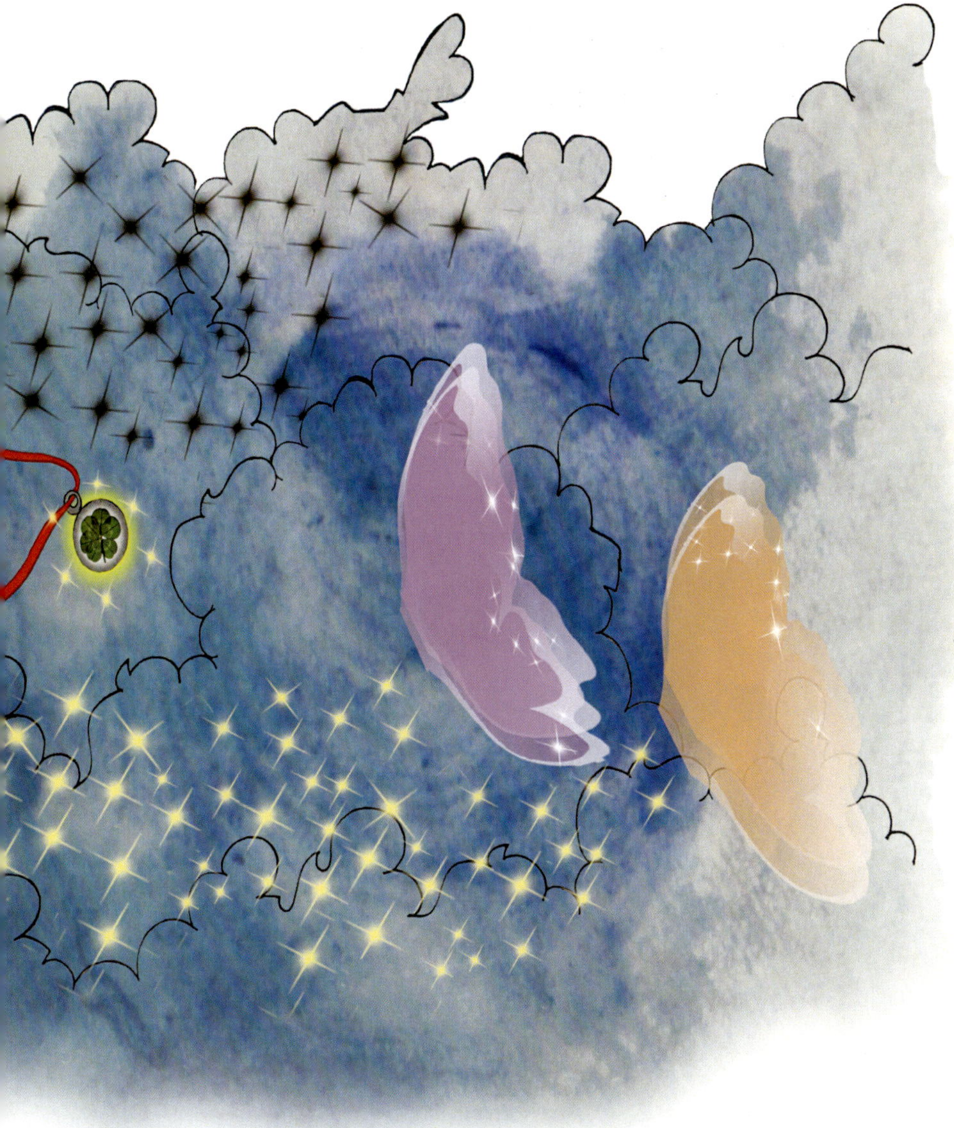

La reina Laila sabía tomar decisiones rápidas, pues desde muy pequeña la prepararon para ser reina, y mandó avisar urgentemente a Marión, el general de sus ejércitos y padre de Edriel.

Cuando Marión llegó a palacio ya había recibido toda la información de lo sucedido a través del servicio de espionaje del reino. Y también sabía ya que el Hada Negra guardaba el amuleto en una jaula sobre un pedestal, junto al trono donde ella acariciaba a su rata durante horas. Los dos lobos y diez soldados sin escrúpulos lo custodiaban.

El asunto era serio, por lo que todos los dirigentes se reunieron para decidir cómo recuperar el amuleto. Cuando tuvieron bien establecido el plan, solo faltaba comunicarlo.

—Solo hay un modo de salvar el Amuleto Mágico —dijo Marión, y se agachó frente a su hija—. Te necesitamos, Edriel.

—¡¿A mí?! ¡Solo tengo ocho años, ¿qué puedo hacer yo?! —contestó Edriel aterrorizada.

—Tú eres la única que puede convertirse en una luminaria —insistió Marión.

—¿Y qué es eso de una lucernaria? —preguntó Edriel

—Luminaria, hija, luminaria. Son chispas que pueden volar muy rápido y tienen poderes mágicos.

—¡Ah! ¿Y puedo convertirme en una luminaria así como así?

—Sí. Al nacer se te concedió ese privilegio, que solo tienen quienes vienen al mundo la noche que nos visitan las luciérnagas del arcoíris, como fue tu caso —le explicó su padre.

«Y va y me lo suelta así. Yo creía que era un hada de lo más normal y resulta que soy requeteespecial», pensó la pequeña hada.

—Edriel, mientras nosotros nos enfrentamos al Hada Negra y a sus soldados, tú irás hasta la jaula y recuperarás el amuleto para volver aquí con él, ¿has comprendido? —preguntó Marión.

—Sí, papá. Es bien simple: me transformo en luminaria, voy hasta la jaula, recupero el amuleto y me lo traigo de vuelta a casa. Pero ¡¿te has vuelto loco?! ¿Cómo voy a transformarme en luminaria? ¿Cierro los ojos muy fuerte y hago mucha fuerza? ¿Cuento hacia atrás de dos en dos o canto una nana? —contestó Edriel.

—Entiendo que estés enfadada. Debí contarte tu peculiaridad como hada mucho antes, pero ahora el tiempo apremia. Sin el amuleto, nuestra raza morirá y nuestro reino se convertirá en una tierra tan horrible como la del Hada Negra. Así que has de hacer lo que te digo —le ordenó su padre—. Para transformarte en luminaria, bastará con que digas tres veces seguidas «Cristalchispatrébol».

—¿Y si no sé hacerlo? ¿Y si no funciona?

—Sabrás y funcionará. Y recuerda que, cuando hayas recuperado el amuleto, no debes volver la vista atrás mientras te alejas del castillo del Hada Negra. No importa lo que oigas o veas mientras huyes. Lo más importante es el amuleto —insistió su padre.

—Claro, papá, yo no importo tanto. Lo importante es el amuleto —dijo Edriel a regañadientes.

Marión, convencido de que su hija había entendido todo a la perfección, se dirigió a todos los soldados y hadas del reino:

—Este es el plan: volaremos hasta el castillo de Elvena. Nuestra misión allí es luchar contra los soldados que vigilan el amuleto para dejar el camino libre a Edriel. ¿Lo tenéis todos claro?

Y todos asintieron

Partieron hacia el palacio del Hada Negra, donde llegaron unos minutos después.

Edriel estaba nerviosísima. Sabía lo que tenía que hacer, pero no sabía si confiar totalmente en lo que le había dicho su padre.

El plan salió según lo previsto. Cuando estuvieron en el salón del trono del Hada Negra, Edriel dijo tres veces «Cristalchispatrébol» y se transformó en luminaria sin problemas. Luego, voló hasta la jaula del amuleto mientras sus padres, los soldados y las hadas del reino se enzarzaban en una lucha feroz contra el Hada Negra y su ejército. Entonces Edriel recuperó su forma habitual y lanzó una cascada de chispas sobre la cerradura de la jaula para abrirla.

Edriel logró sacar el amuleto y voló con él, sorteando las bolas de fuego cruzado entre los dos bandos, y se dirigió hacia una ventana para escapar. Pero entonces, desobedeciendo las instrucciones recibidas, miró hacia atrás y, aterrorizada, vio a sus padres en graves apuros.

El Hada Negra había malherido a Marión, que cayó al suelo, y la madre de Edriel corría en ayuda de su marido. Al resto de hadas y soldados tampoco les iba del todo bien en la lucha porque el ejército del Hada Negra era más numeroso.

Edriel decidió ayudarlos y regresó al salón, lanzando una cascada de chispas sobre el Hada Negra.

—¡Mocosa entrometida! ¡¿En serio?! ¿De verdad pretendes vencerme con esas chispitas? ¡Ja, ja, ja! —rio el Hada Negra, enloquecida—. Ahora verás lo que son chispas de verdad. ¡Prepárate para abrasarte! —gritó, y lanzó sobre Edriel una enorme bola de energía que la madre de Edriel consiguió desviar golpeando el brazo del Hada Negra.

—¡Huye y no mires atrás, Edriel! —le gritó su madre mientras se enfrentaba al Hada Negra.

Edriel obedeció y salió del castillo por la ventana, pero el Hada Negra la siguió para recuperar el amuleto. Y también la madre de Edriel voló tras ellas, temiendo por la vida de su hija.

El Hada Negra alcanzó a Edriel y la agarró por las alas. La pequeña hada gritó y pataleó para liberarse. Entonces llegó su madre y golpeó al Hada Negra con los pies. La sacudida que experimentó se propagó hasta Edriel y el amuleto estuvo a punto de caerse.

—¡Vuelve a casa, Edriel! Has de llevar al amuleto a su lugar —le gritó su madre, y plantó cara al Hada Negra, que vociferaba fuera de sí.

Con mucho miedo de no volver a ver a sus padres con vida, Edriel voló hacia el palacio de la reina Laila, como le habían pedido. Cuando llegó, la recibieron con todos los honores. Luego, la niña les contó lo sucedido y el amuleto fue devuelto a su lugar habitual. Laila abrazó a Edriel para consolarla. La pequeña hada estaba bastante impresionaba por todo lo que había visto.

Unas horas más tarde, los padres de Edriel, todos los soldados y hadas regresaban a palacio. Venían malheridos, especialmente Marión. Los perseguía el Hada Negra dispuesta a entrar en palacio para continuar su lucha y llevarse el trébol de las seis hojas nuevamente.

Entonces la reina Laila cerró los ojos, levantó los brazos y lanzó una cascada de estrellas que formaron una coraza invisible alrededor del palacio, justo antes de que el Hada Negra pudiese entrar. Luego, cayó semiinconsciente al suelo.

La coraza invisible era un tipo de magia que dejaba a la reina Laila muy débil durante días, por eso no podía usarla más que en situaciones extremas.

Pero, a pesar de la debilidad, la reina se arrastró con mucho esfuerzo para poder ver a su hermana, que gritaba y los amenazaba.

Al ver que no se rendía, tuvo que enviarle una corriente de aire para alejarla de allí mientras le advertía:

—Eres mi hermana y no puedo evitar quererte, pero si vuelves a intentar dañar mi reino, me veré obligada a encerrarte para siempre. No lo olvides.

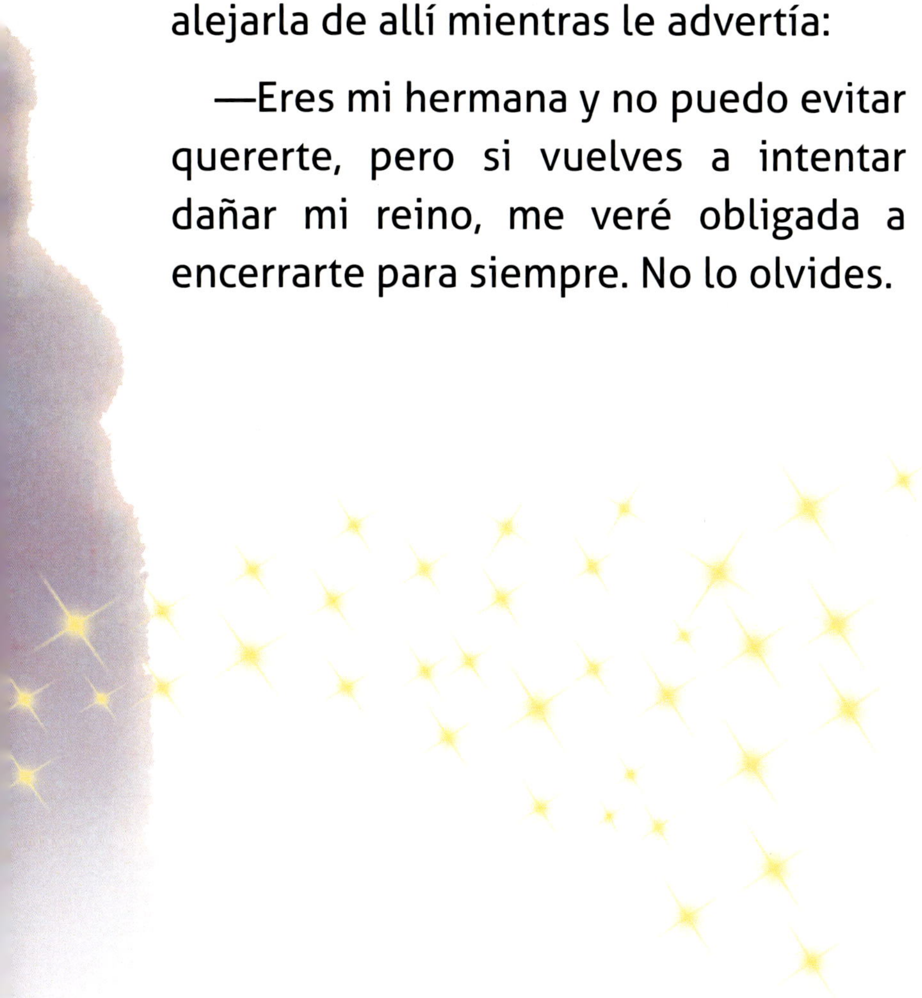

Todo el reino estaba en silencio, esperando a que la reina Laila recuperase su vitalidad habitual, cuando se dirigió a ellos y les dijo:

—Aunque puede que esté equivocada, aún tengo esperanzas de que mi hermana algún día vuelva al sitio correcto y utilice su magia para beneficiar a los demás.

»No os preocupéis por mí, pues iré recuperando mi fuerza poco a poco. Hoy, todos tenemos que aplaudir a Edriel, pues, sin ella, nuestro trébol de las seis hojas no habría vuelto a nosotros y, sin él, estaríamos ahora viviendo en la oscuridad.

Edriel miró a sus padres, todavía recuperándose de sus heridas, y les sonrió mientras pensaba que aún tenían una larga conversación pendiente.

Luego, ya solo pudo prestar atención a los fuegos artificiales que, en su honor, iluminaban todo el reino. La fiesta continuó durante días...

Nos gustaría mucho que nos cuentes qué te ha parecido este libro

info@edicionesidampa.com

Ediciones Idampa
Apdo. de correos 188
28660 Boadilla del Monte, Madrid